Impressum
Verlag: BABADADA GmbH, Nedderfeld 112 , 22529 Hamburg
Geschäftsführer / Verlagsleitung: Harald Hof
Druck: Books on Demand GmbH, In de Tarpen 42, 22848 Norderstedt

Imprint
Publisher: BABADADA GmbH, Nedderfeld 112 , 22529 Hamburg, Germany
Managing Director / Publishing direction: Harald Hof
Print: Books on Demand GmbH, In de Tarpen 42, 22848 Norderstedt

school

škola

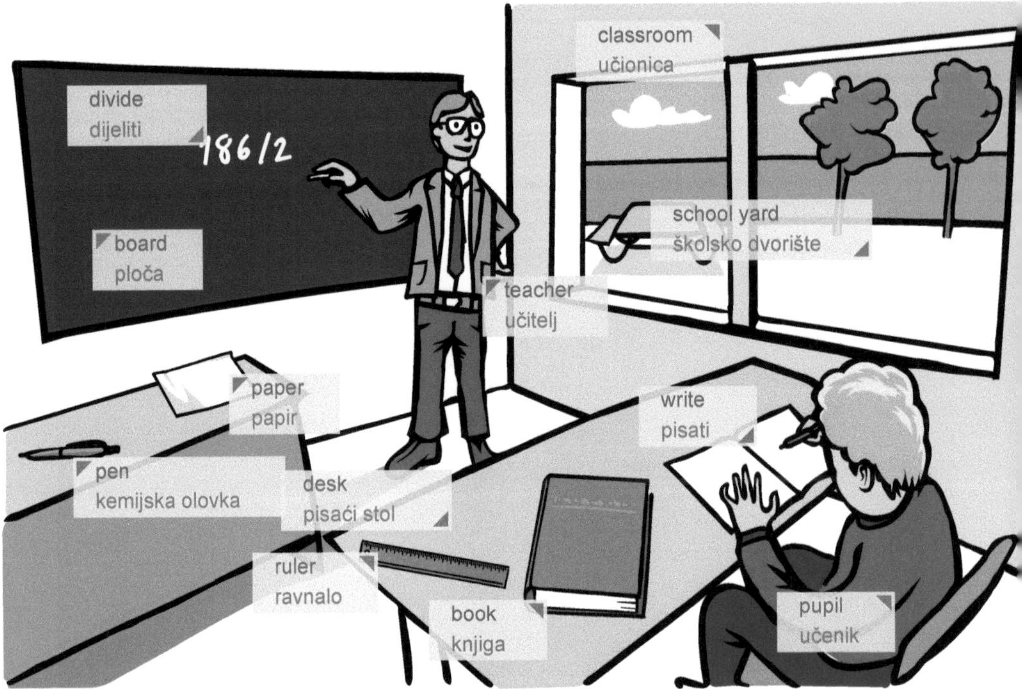
classroom
učionica
divide
dijeliti
186/2
board
ploča
school yard
školsko dvorište
teacher
učitelj
paper
papir
write
pisati
pen
kemijska olovka
desk
pisaći stol
ruler
ravnalo
book
knjiga
pupil
učenik

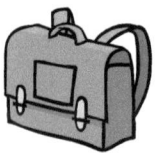

satchel

torba

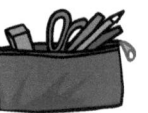

pencil case

pernica

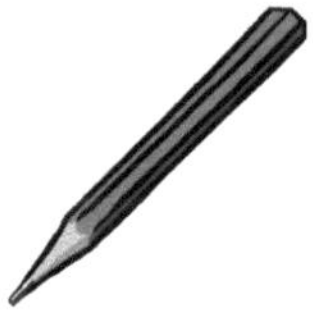

pencil

grafitna olovka

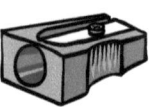

pencil sharpener

šiljilo za olovke

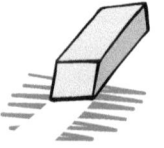

rubber

gumica za brisanje

drawing pad

blok za crtanje

drawing

crtež

paintbrush

kist

paint box

kutija s bojama

scissors

makaze

glue

ljepilo

exercise book

bilježnica

homework

domaći zadatak

number

broj

add

sabirati

subtract

oduzimati

multiply

množiti

calculate

računati

letter

slovo

alphabet

abeceda

word

riječ

text

tekst

read

čitati

chalk

kreda

lesson

sat

register

dnevnik

examination

ispit

certificate

svjedodžba

school uniform

školska uniforma

education

obrazovanje

encyclopedia

leksikon

university

sveučilište

microscope

mikroskop

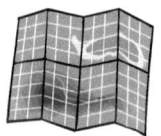

map

karta

waste-paper basket

košara za papir

hotel
hotel

Grand

hostel
prenoćište

ROOMS

currency exchange office
mjenjačnica

EXCHANGE

car
auto

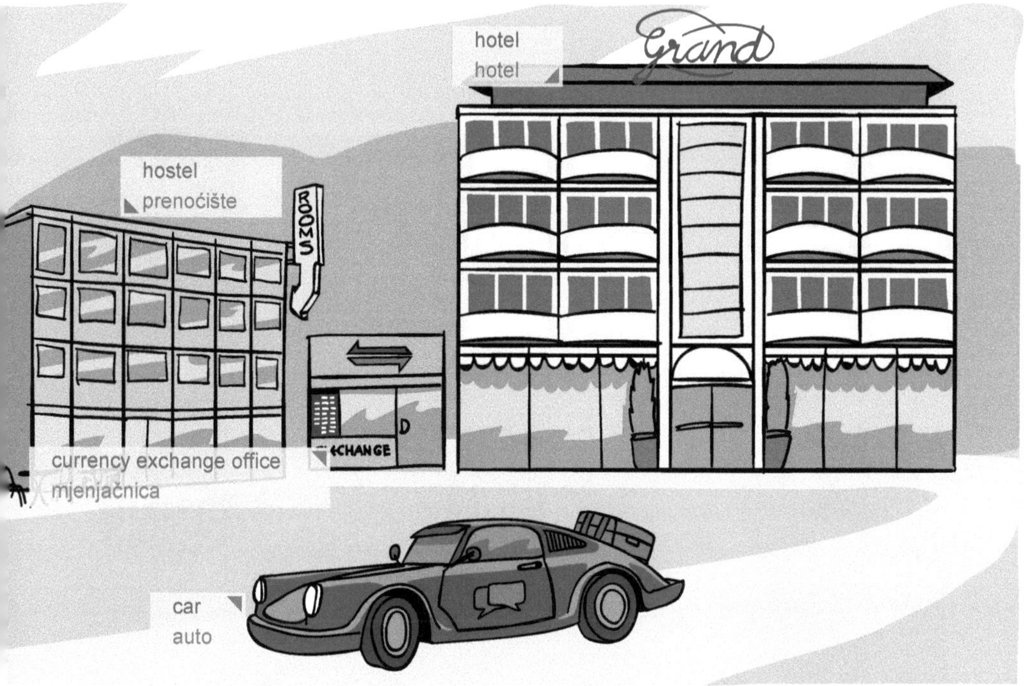

language

jezik

yes / no

da / ne

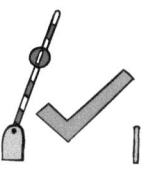

Okay

okay

hello

zdravo

translator

prevoditelj

Thank you

hvala

how much is...?

Koliko košta...?

I don´t get it

ne razumijem

problem

problem

Good evening!

dobro veče!

Good morning!

Dobro jutro!

Good night!

Laku noć!

goodbye

doviđenja

direction

smjer

luggage

prtljaga

bag

torba

backpack

ruksak

guest

gost

room

soba

sleeping bag

vreća za spavanje

tent

šator

travel - putovanje

tourist information

turističke informacije

beach

plaža

credit card

kreditna kartica

breakfast

doručak

lunch

ručak

dinner

večera

Ticket

karta za vožnju

elevator

dizalo

stamp

poštanska markica

border

granica

customs

carina

embassy

ambasada

visa

viza

passport

putovnica

transport

transport

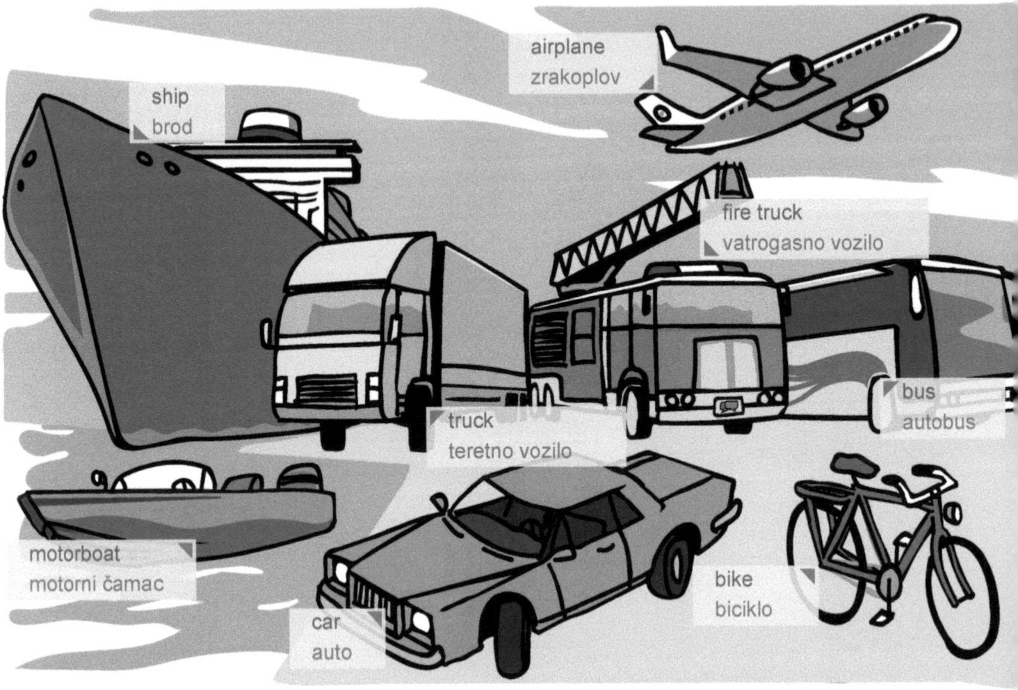

airplane
zrakoplov
ship
brod
fire truck
vatrogasno vozilo
bus
autobus
truck
teretno vozilo
motorboat
motorni čamac
bike
biciklo
car
auto

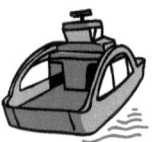

ferry

trajekt

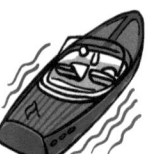

boat

čamac

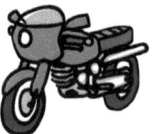

motorbike

motocikl

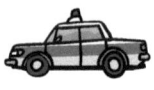

police car

policijski auto

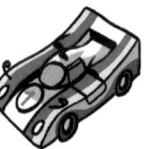

racing car

trkaći auto

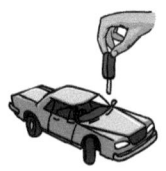

rental car

iznajmljeno auto

car sharing

dijeljenje automobila

tow truck

vučno vozilo

garbage truck

vozilo za odvoz smeća

engine

motor

fuel

benzin

fuel station

benzinska postaja

traffic sign

prometni znak

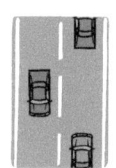

traffic

promet

traffic jam

zastoj

parking lot

parkiralište

train station

kolodvor

tracks

šine

train

vlak

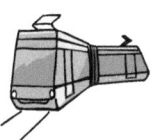

tram

tramvaj

wagon

vagon

helicopter

helikopter

airport

zrakoplovna luka

tower

toranj

passenger

putnik

container

kontejner

carton

karton

cart

kolica

basket

košara

take off / land

uzletjeti / sletjeti

city
grad

village

selo

city center

centar grada

house

kuća

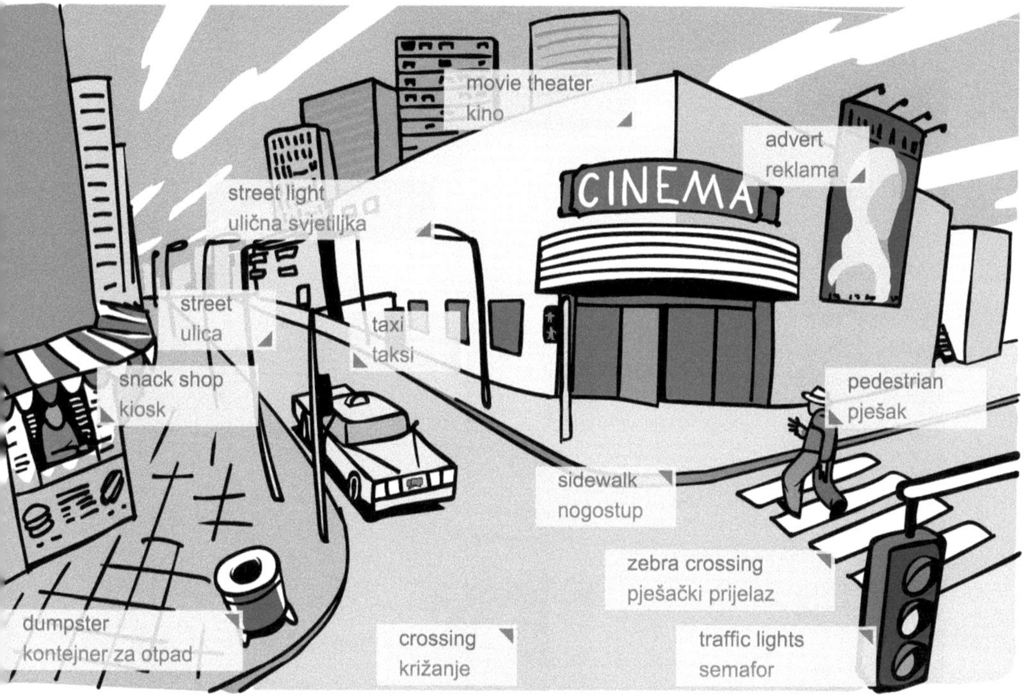

movie theater
kino

advert
reklama

street light
ulična svjetiljka

street
ulica

taxi
taksi

snack shop
kiosk

pedestrian
pješak

sidewalk
nogostup

zebra crossing
pješački prijelaz

dumpster
kontejner za otpad

crossing
križanje

traffic lights
semafor

hut
koliba

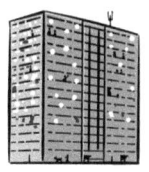

apartment
stan

train station
kolodvor

city hall
vijećnica

museum
muzej

school
škola

city - grad

university

sveučilište

bank

banka

hospital

bolnica

hotel

hotel

pharmacy

ljekarna

office

ured

book shop

knjižara

shop

prodavaonica

flower shop

cvjećara

supermarket

supermarket

market

trg

department store

robna kuća

fishmonger's shop

ribarnica

mall

trgovački centar

harbor

luka

park

park

bench

klupa

bridge

most

stairs

stepenice

subway

podzemna željeznica

tunnel

tunel

bus stop

autobusna stanica

bar

bar

restaurant

restoran

postbox

poštansko sanduče

street sign

ulični znak

parking meter

parkirni sat

zoo

zoološki vrt

swimming pool

bazen

mosque

džamija

farm

seosko gazdinstvo

pollution

zagađenje okoliša

cemetery

groblje

church

crkva

playground

igralište

temple

hram

landscape
krajolik

signpost
putokaz

path
put

meadow
livada

stone
kamen

tree
drvo

hiker
šetač

river
rijeka

grass
trava

flower
cvijet

valley

dolina

hill

planina

lake

jezero

forest

šuma

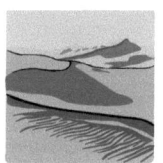

desert

pustinja

volcano

vulkan

castle

dvorac

rainbow

duga

mushroom

gljiva

palm tree

palma

mosquito

moskito

fly

muha

ant

mrav

bee

pčela

spider

pauk

landscape - krajolik

beetle

buba

frog

žaba

squirrel

vjeverica

hedgehog

jež

hare

zec

owl

sova

bird

ptica

swan

labud

boar

divlja svinja

deer

jelen

moose

los

dam

nasip

wind turbine

vjetrenjača

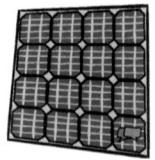

solar panel

solarna ploča

climate

klima

landscape - krajolik

restaurant
restoran

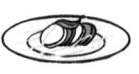

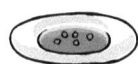

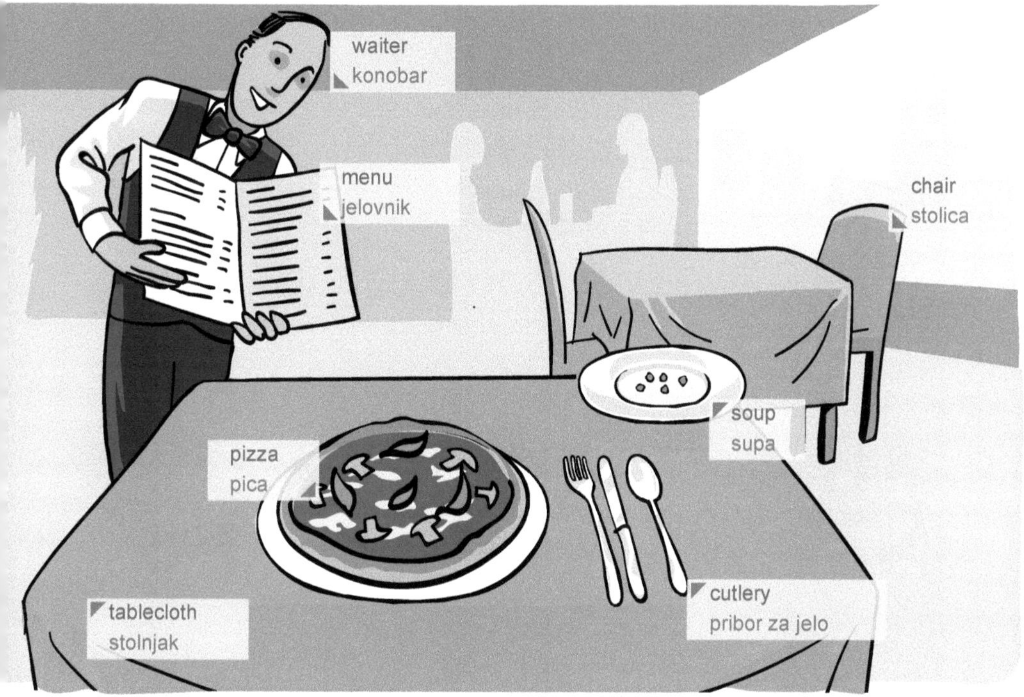
waiter
konobar
menu
jelovnik
chair
stolica
soup
supa
pizza
pica
cutlery
pribor za jelo
tablecloth
stolnjak

starter

predjelo

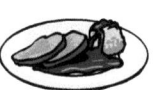

main course

glavno jelo

dessert

desert

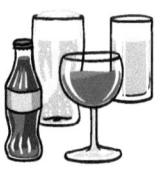

drinks

napitci

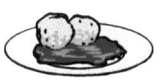

food

jelo

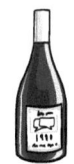

bottle

boca

fast food

fastfood

street food

imbis hrana

teapot

čajnik

sugar bowl

doza za šećer

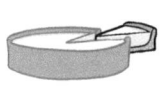

portion

porcija

espresso machine

aparat za espresso

high chair

visoka stolica

bill

račun

tray

pladanj

knife

nož

fork

vilica

spoon

žlica

teaspoon

čajna žlica

serviette

ubrus

glass

čaša

restaurant - restoran

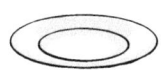

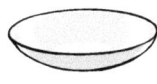

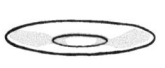

plate	soup plate	saucer
tanjur	tanjur za supu	tanjurić

sauce	salt shaker	pepper mill
sos	soljenka	mlin za biber

vinegar	oil	spices
ocat	ulje	začini

ketchup	mustard	mayonnaise
kečap	senf	majoneza

supermarket
supermarket

special offer
ponuda
FOR
customer
kupac
dairy products
mliječni proizvodi
fruit
voće
shopping cart
kolica za kupnju

BUTCHERS

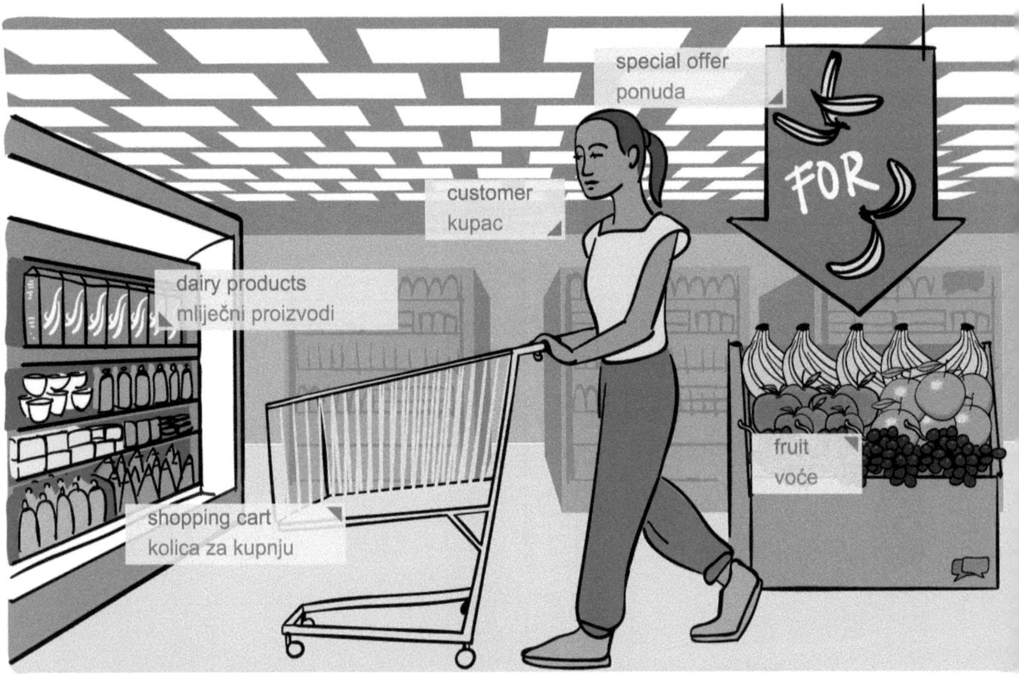

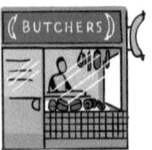

butcher's shop

mesnica

BAKERY

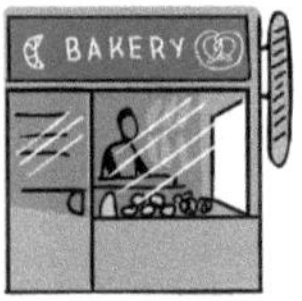

bakery

pekarnica

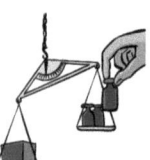

weigh

vagati

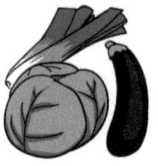

vegetables

povrće

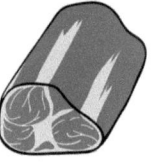

meat

meso

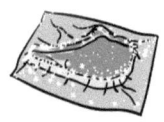

frozen food

duboko smrznuta hrana

cold cuts

narezak

canned food

konzerve

detergent

sredstvo za pranje

candy

slatkiši

household products

artikli za domaćinstvo

cleaning products

sredstva za čišćenje

sales representative

prodavačica

cash register

blagajna

cashier

blagajnik

shopping list

lista za kupnju

opening hours

vrijeme rada

wallet

novčanik

credit card

kreditna kartica

bag

torba

plastic bag

plastična vrećica

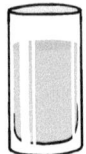

water
voda

juice
sok

milk
mlijeko

coke
cola

wine
vino

beer
pivo

alcohol
alkohol

cocoa
kakao

tea
čaj

coffee
kava

espresso
espresso

cappuccino
cappuccino

banana
banana

apple
jabuka

orange
naranča

melon
lubenica

lemon
limun

carrot
mrkva

garlic
češnjak

bamboo
bambus

onion
luk

mushroom
gljiva

nuts
orašasti plodovi

noodles
rezanci

spaghetti

špagete

rice

riža

salad

salata

fries

pomfrit

fried potatoes

pečeni krumpir

pizza

pica

hamburger

hamburger

sandwich

sendvič

escalope

šnicla

ham

pršut

salami

salama

sausage

kobasica

chicken

kokoš

roast

pečenje

fish

riba

porridge oats

zobene pahuljice

muesli

musli

cornflakes

kukuruzne pahuljice

flour

brašno

croissant

roščić

bread roll

pecivo

bread

kruh

toast

toast

cookies

keksi

butter

maslac

curd

svježi sir

cake

kolač

egg

jaje

fried egg

jaje na oko

cheese

sir

ice cream

sladoled

sugar

šećer

honey

med

jelly

marmelada

nougat cream

nugat krema

curry

curry

farm

seosko gazdinstvo

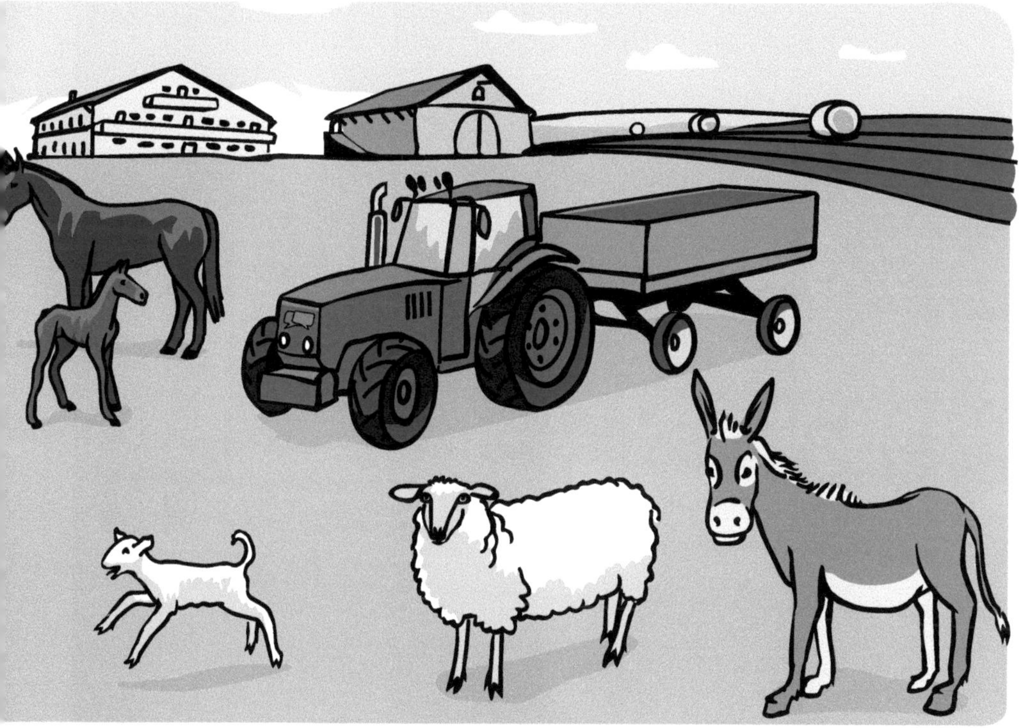

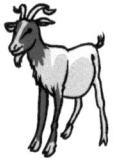

goat
koza

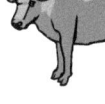

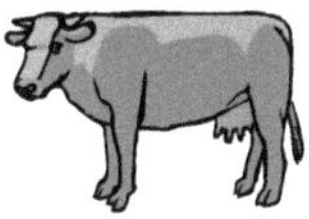

cow
krava

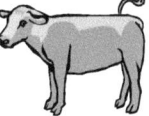

calf
tele

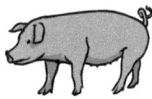

pig
svinja

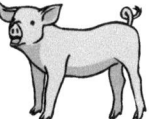

piglet
prase

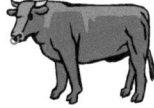

bull
bik

goose

guska

duck

patka

chick

pilići

hen

kokoš

cockerel

pijetao

rat

pacov

cat

mačka

mouse

miš

ox

vol

dog

pas

dog house

kućica za psa

garden hose

vrtno crijevo

watering can

kanta za polijevanje

scythe

kosa

plow

plug

farm - seosko gazdinstvo

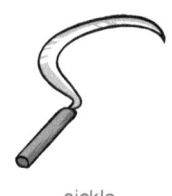

sickle

srp

hoe

motika

pitchfork

vilica za gnojivo

axe

sjekira

pushcart

tačke

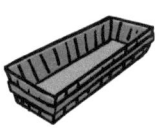

trough

korito

milk can

posuda za mlijeko

sack

vreća

fence

ograda

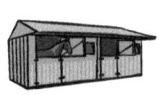

stable

štala

greenhouse

staklenik

soil

zemlja

seed

sjeme

fertilizer

gnojivo

combine harvester

kombajn

harvest

žanjati

harvest

žetva

yams

yams začin

wheat

pšenica

soya

soja

potato

krumpir

corn

kukuruz

rapeseed

uljana repica

fruit tree

voćka

manioc

gomolj manioke

grain

žitarice

house
kuća

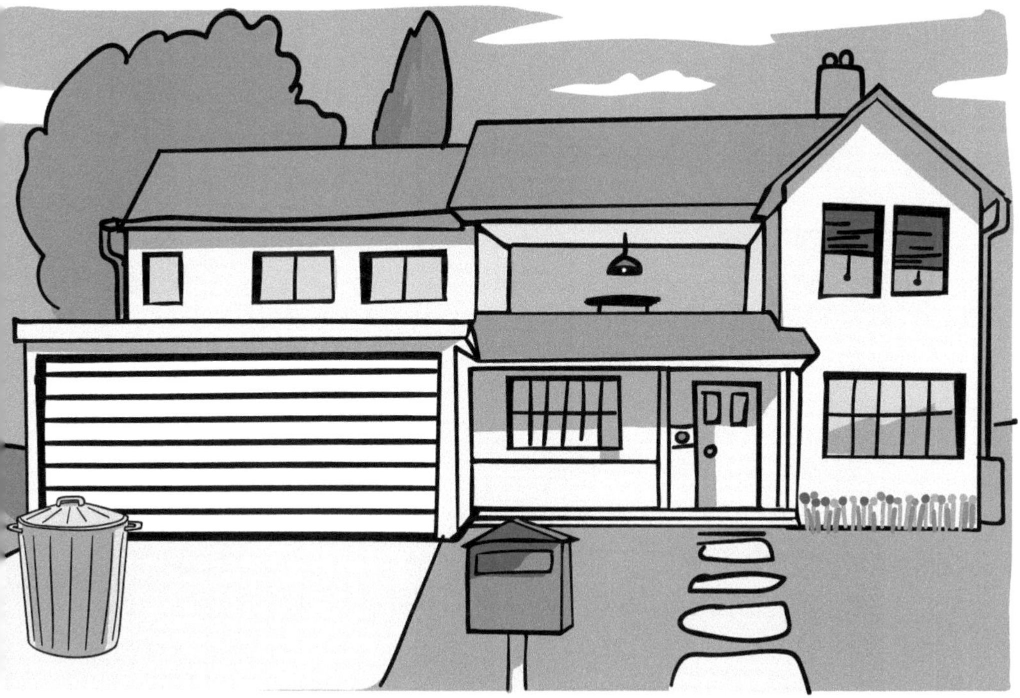

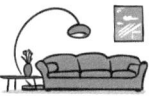

living room
dnevna soba

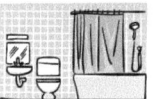

bathroom
kupaonica

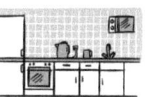

kitchen
kuhinja

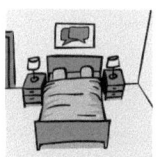

bedroom
spavaća soba

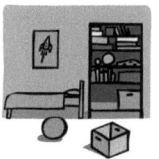

kids room
dječija soba

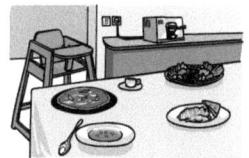

dining room
trpezarija

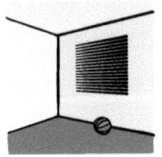

floor

pod

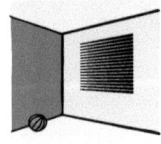

wall

zid

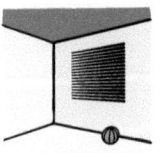

ceiling

strop

cellar

podrum

sauna

sauna

balcony

balkon

terrace

terasa

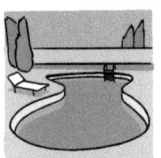

pool

bazen

lawn mower

kosilica za travu

sheet

posteljina za krevet

bedspread

deka za krevet

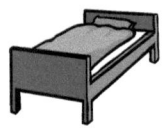

bed

krevet

broom

metla

bucket

kanta

switch

sklopka

living room
dnevna soba

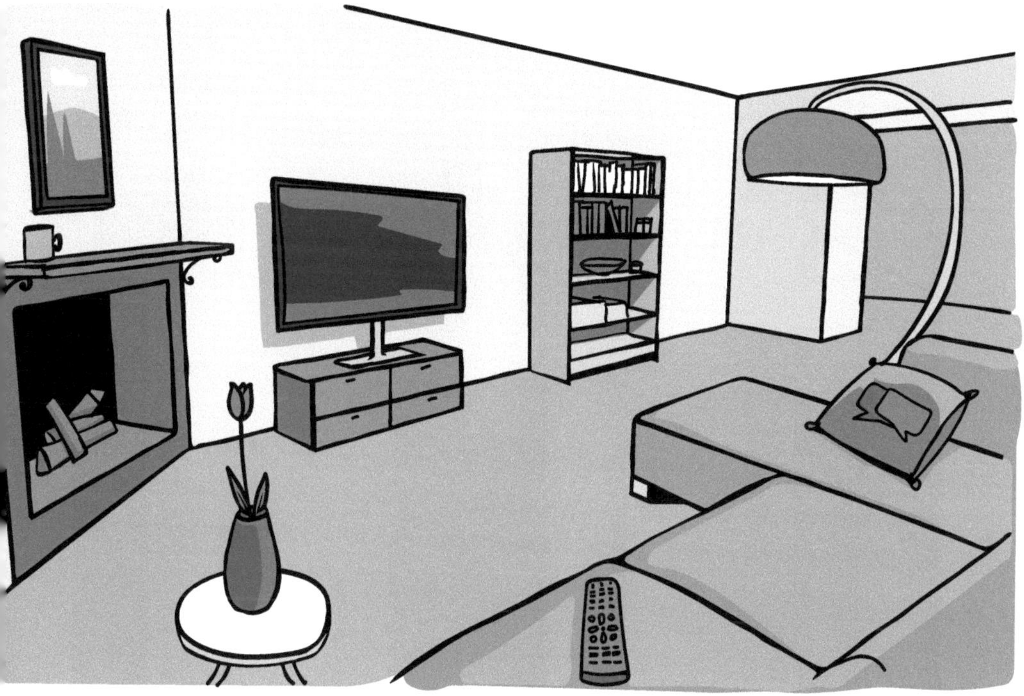

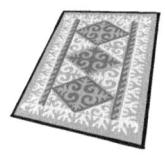

carpet

tepih

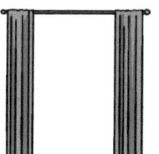

drape

zavjesa

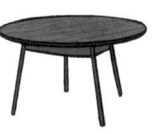

table

stol

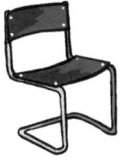

chair

stolica

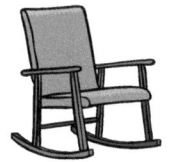

rocking chair

stolica za njihanje

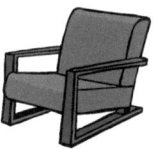

armchair

fotelja

book

knjiga

blanket

deka

decoration

dekoracija

firewood

drvo za ogrjev

film

film

stereo system

stereo uređaj

key

ključ

newspaper

novine

painting

slika na platnu

poster

poster

radio

radio

notebook

blok za pisanje

vacuum cleaner

usisavač

cactus

kaktus

candle

svijeća

kitchen
kuhinja

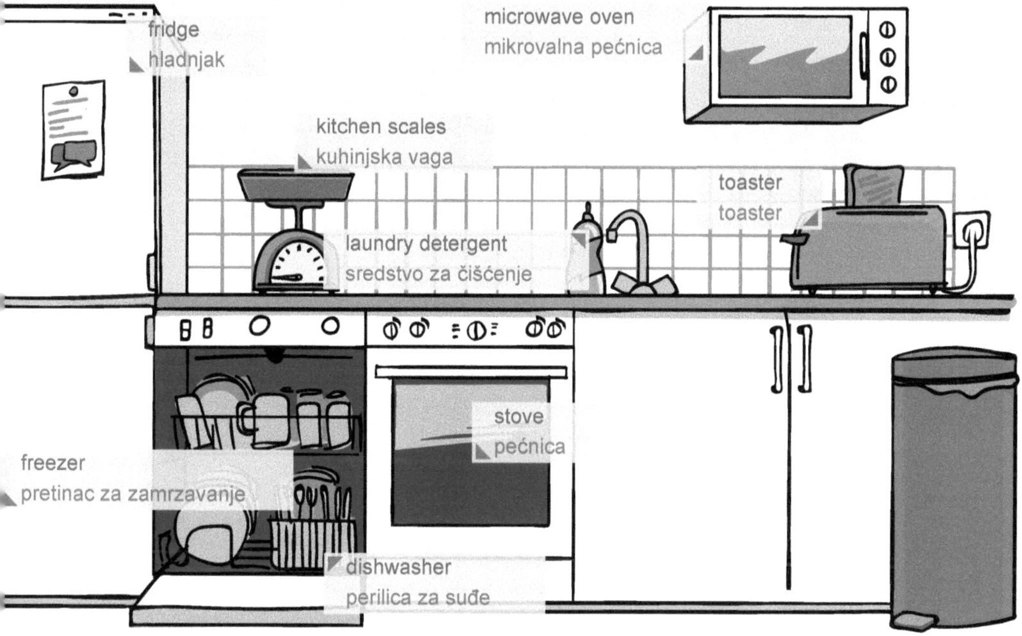
fridge
hladnjak
microwave oven
mikrovalna pećnica
kitchen scales
kuhinjska vaga
toaster
toaster
laundry detergent
sredstvo za čišćenje
stove
pećnica
freezer
pretinac za zamrzavanje
dishwasher
perilica za suđe

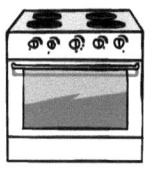

cooker

štednjak

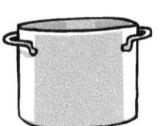

pot

lonac

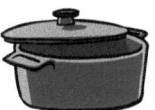

cast-iron pot

željezni lonac

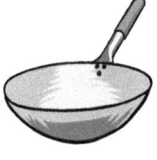

wok / kadai

wok / kadai

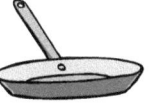

pan

tava

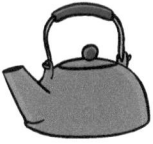

kettle

kuhalo za vodu

steamer

kuhalo na paru

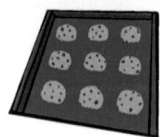

baking tray

lim za pečenje

crockery

posuđe

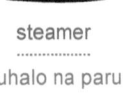

mug

čaša

bowl

zdjela

chopsticks

štapići za jelo

ladle

kutljača

spatula

lopatica

whisk

pjenjača

strainer

sito za kuhanje

sieve

sito

grater

ribež

mortar

mužar

barbecue

roštilj

fireplace

ognjište

kitchen - kuhinja

chopping board

daska

rolling pin

oklagija

corkscrew

vadičep

can

konzerva

can opener

otvarač konzervi

oven cloth

krpa za lonac

sink

sudoper

brush

četka

sponge

spužva

blender

mikser

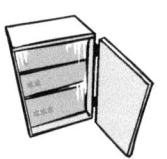

deep freezer

zamrzivač

baby bottle

bočica za bebe

tap

slavina za vodu

kitchen - kuhinja

bathroom
kupaonica

heating
grijanje
shower
tuš
towel
ručnik
shower curtain
zavjesa za tuš
bubble bath
pjenušava kupka
bathtub
kada
glass
čaša
washing machine
perilica za rublje
tap
slavina za vodu
tiles
pločice
potty
dječja kahlica
sink
sudoper

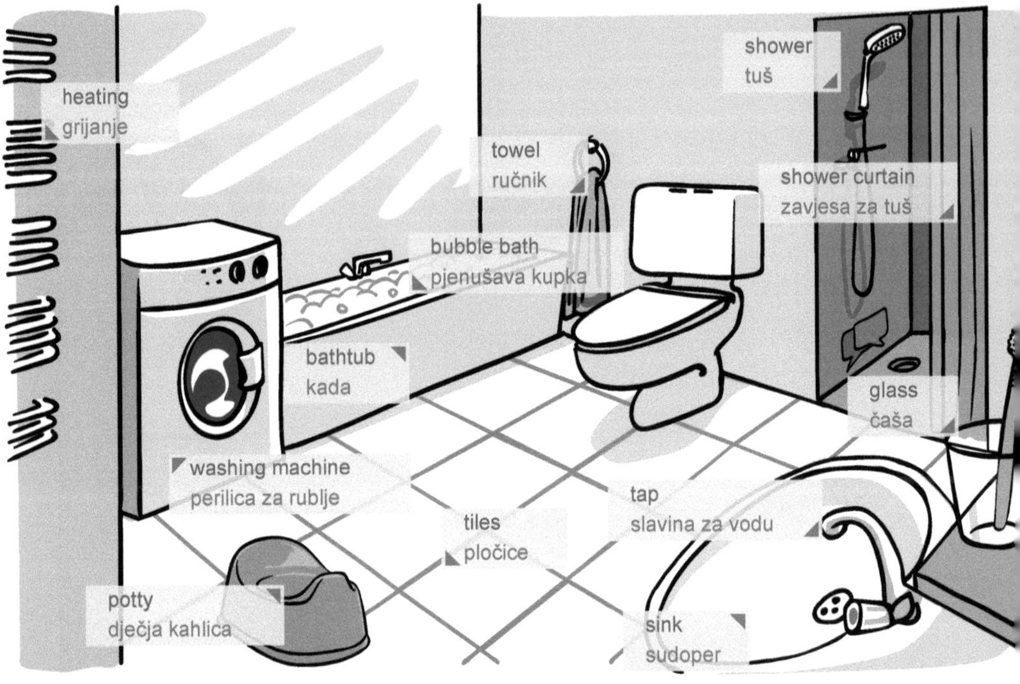

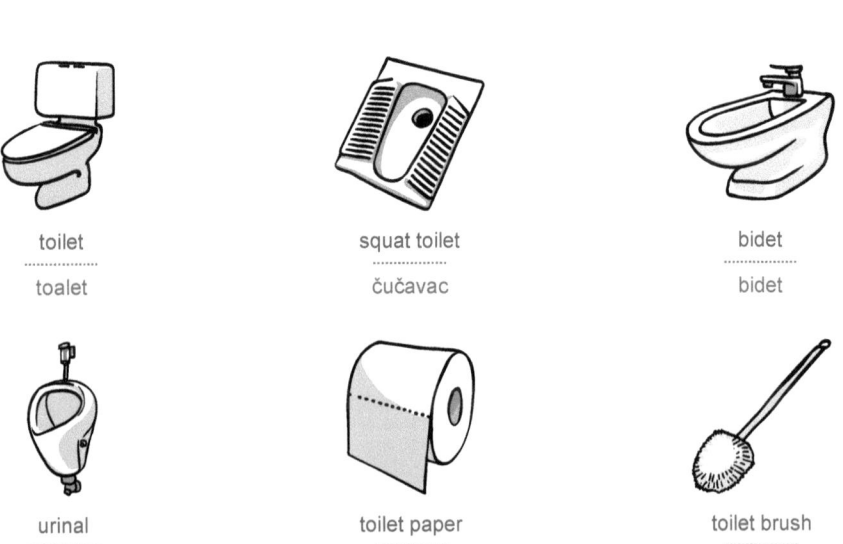

toilet
toalet

squat toilet
čučavac

bidet
bidet

urinal
pisoar

toilet paper
papir za toalet

toilet brush
četka za toalet

toothbrush

četkica za zube

toothpaste

pasta za zube

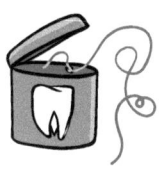

dental floss

konac za zube

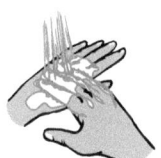

wash

prati

hand shower

tuš ručica

douche

tuš za pranje intimnih dijelova

basin

lavor

back brush

četka za pranje leđa

soap

sapun

shower gel

gel za tuširanje

shampoo

šampon

flannel

krpa za pranje

drain

odvod

creme

krema

deodorant

dezodorans

mirror

ogledalo

hand mirror

kozmetičko ogledalo

razor

brijač

shaving foam

pjena za brijanje

aftershave

losion za poslije brijanja

comb

češalj

brush

četka

hair-dryer

sušilo za kosu

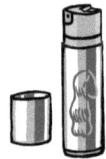

hairspray

sprej za kosu

makeup

makeup

lipstick

ruž za usne

nail varnish

lak za nokte

cotton wool

vata

nail scissors

škare za nokte

perfume

parfem

washbag

neseser

stool

stolica

weighing scales

vaga

bathrobe

ogrtač

rubber gloves

rukavice za čišćenje

tampon

tampon

sanitary towel

uložak

chemical toilet

kemijski toalet

kids room
dječija soba

alarm clock
budilnik
cuddly toy
plišana igračka
toy car
auto igračka
rattle
zvečka
doll's house
kućica za lutke
present
poklon

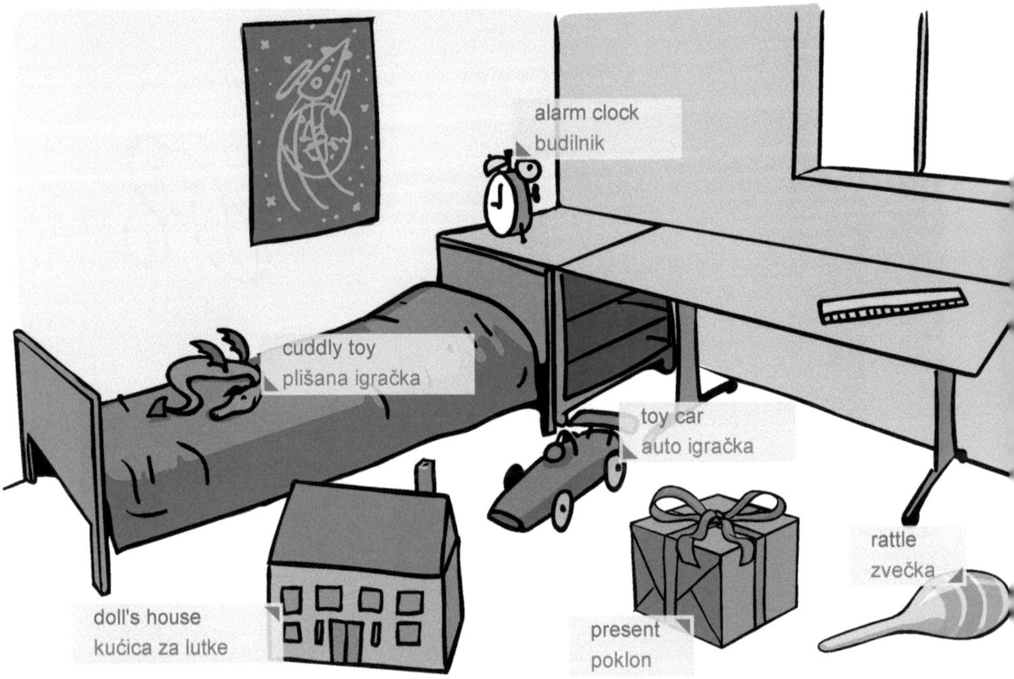

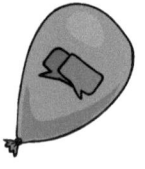

balloon

balon

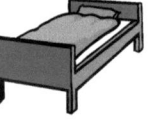

bed

krevet

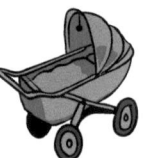

stroller

dječija kolica

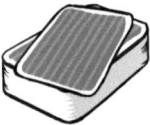

deck of cards

igra s kartama

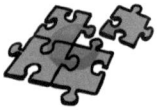

jigsaw

slagalica

comic

strip

lego bricks

lego kockice

toy blocks

kockice za slaganje

action figure

akcioni junak

romper suit

kombinezon za bebe

frisbee

frizbi

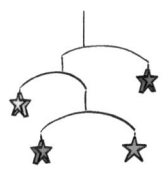

mobile

viseće igračke

board game

društvene igre

dice

kocka

model train set

minijaturna željeznica

pacifier

duda

party

tulum

picture book

slikovnica

ball

lopta

doll

lutka

play

igrati

kids room - dječija soba

43

sandpit

pješčanik

swing

ljuljačka

toys

igračka

video game console

konzola za igre

tricycle

tricikl

teddy bear

plišani medo

wardrobe

ormar

clothing

odjeća

socks

kratke čarape

stockings

čarape

tights

hulahopke

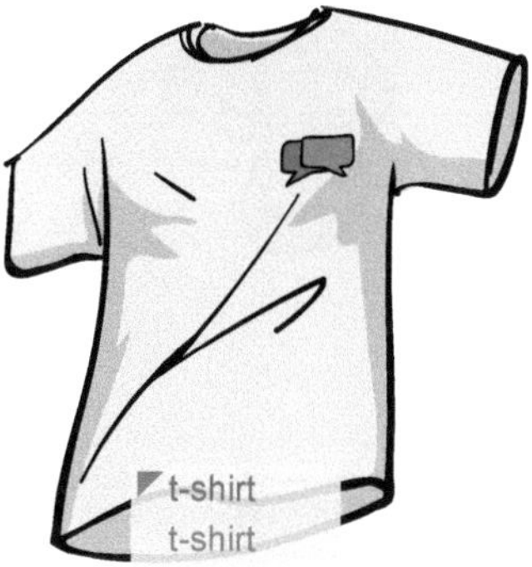

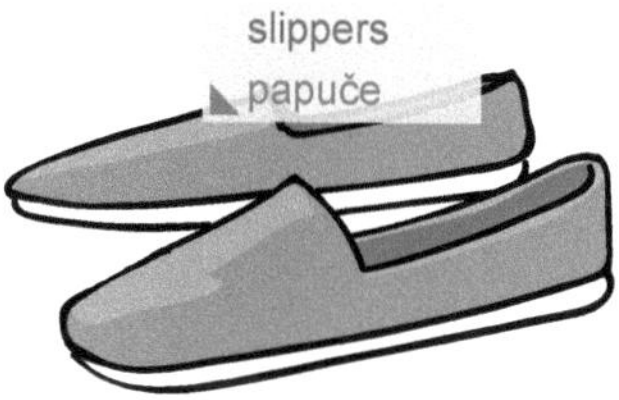

scarf
šal

belt
kaiš

umbrella
kišobran

t-shirt
t-shirt

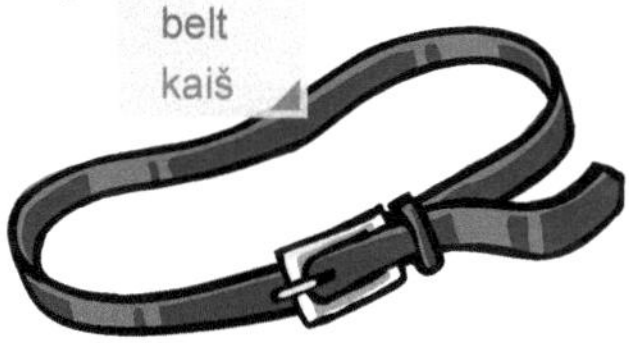

boots
čizme

slippers
papuče

sneakers
patike

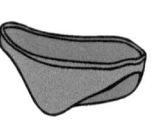

sandals
sandale

shoes
cipele

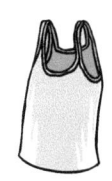

rubber boots
gumene čizme

underwear
gaćice

bra
grudnjak

undershirt
potkošulja

clothing - odjeća

body

bodi

pants

hlače

jeans

džins

skirt

haljina

blouse

bluza

shirt

košulja

pullover

džemper

sweater

pulover s kapuljačom

blazer

blejzer

jacket

jakna

coat

kaput

raincoat

kabanica

costume

kostim

dress

haljina

wedding dress

vjenčanica

suit

odijelo

nightgown

spavaćica

pajamas

pidžama

sari

sari

headscarf

rubac

turban

turban

burka

burka

kaftan

kaftan

abaya

abaja

swimsuit

kupaći kostim

trunks

kupaće gaćice

shorts

kratke hlače

tracksuit

odjeća za trening

apron

pregača

gloves

rukavice

button

gumb

glasses

naočale

bracelet

narukvica

necklace

ogrlica

ring

prsten

earring

naušnica

cap

kapa

coat hanger

vješalica

hat

šešir

tie

kravata

zip

patent zatvarač

helmet

kaciga

braces

naramenice

school uniform

školska uniforma

uniform

uniforma

bib
....
podbradak

pacifier
....
duda

diaper
....
pelena

office
ured

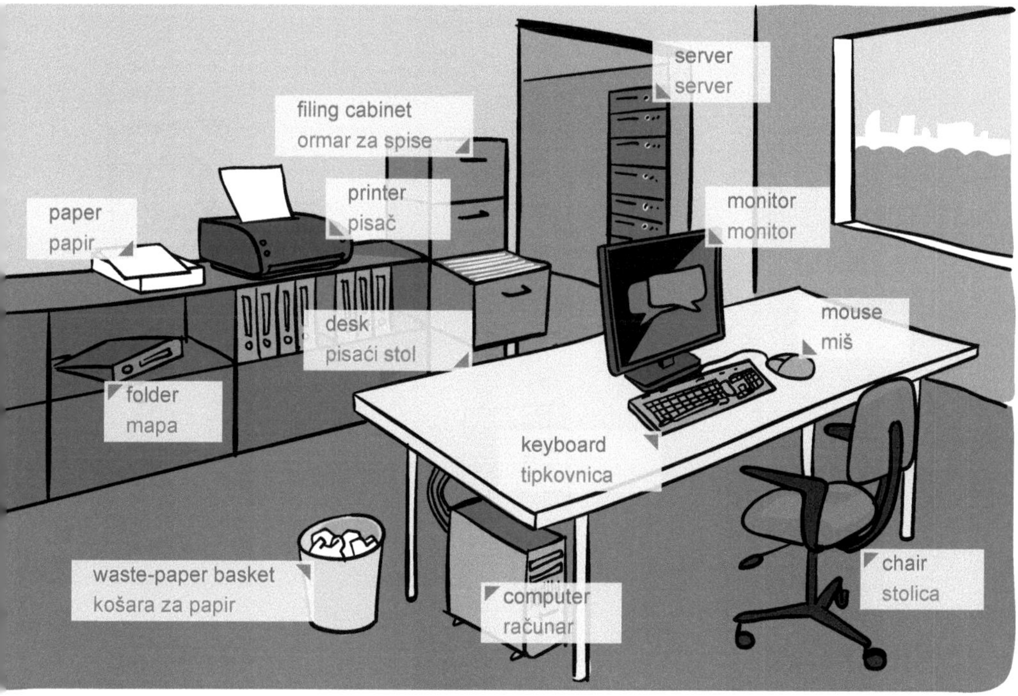

server
server

filing cabinet
ormar za spise

printer
pisač

monitor
monitor

paper
papir

mouse
miš

desk
pisaći stol

folder
mapa

keyboard
tipkovnica

waste-paper basket
košara za papir

chair
stolica

computer
računar

coffee mug
....
šalica za kavu

calculator
....
kalkulator

internet
....
internet

laptop

laptop

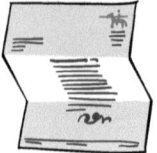

letter

pismo

message

poruka

cell phone

mobilni telefon

network

mreža

photocopier

uređaj za kopiranje

software

softver

telephone

telefon

plug socket

utičnica

fax machine

faks

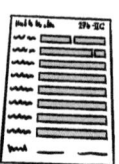

form

obrazac

document

dokument

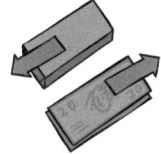

buy
kupovati

pay
platiti

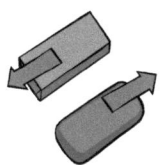

trade
trgovati

money
novac

 **USD**

dollar
dolar

EUR

euro
euro

JPY

yen
jen

RUB

rouble
rubalj

CHF

Swiss franc
švicarski franak

CNY

renminbi yuan
renmindbi yuan

INR

rupee
rupija

cash point
automat za novac

currency exchange office

mjenjačnica

gold

zlato

silver

srebro

oil

nafta

energy

energija

price

cijena

contract

ugovor

tax

porez

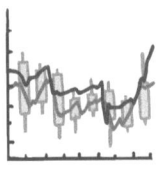

stock

dionica

work

raditi

employee

službenik

employer

poslodavac

factory

tvornica

shop

prodavaonica

economy - gospodarstvo

police officer
policajac

fireman
vatrogasac

cook
kuhar

doctor
liječnik

pilot
pilot

gardener

vrtlar

carpenter

stolar

seamstress

krojačica

judge

sudija

chemist

kemičar

actor

glumac

bus driver
vozač autobusa

taxi driver
vozač taksija

fisherman
ribar

cleaning lady
čistačica

roofer
krovopokrivač

waiter
konobar

hunter
lovac

painter
slikar

baker
pekar

electrician
električar

builder
građevinski radnik

engineer
inženjer

butcher
mesar

plumber
limar

postman
poštar

soldier

vojnik

architect

arhitekta

cashier

blagajnik

florist

cvjećar

hairdresser

frizer

conductor

kondukter

mechanic

mehaničar

captain

kapetan

dentist

zubar

scientist

znanstvenik

rabbi

rabi

imam

imam

monk

monah

pastor

svećenik

tools
alati

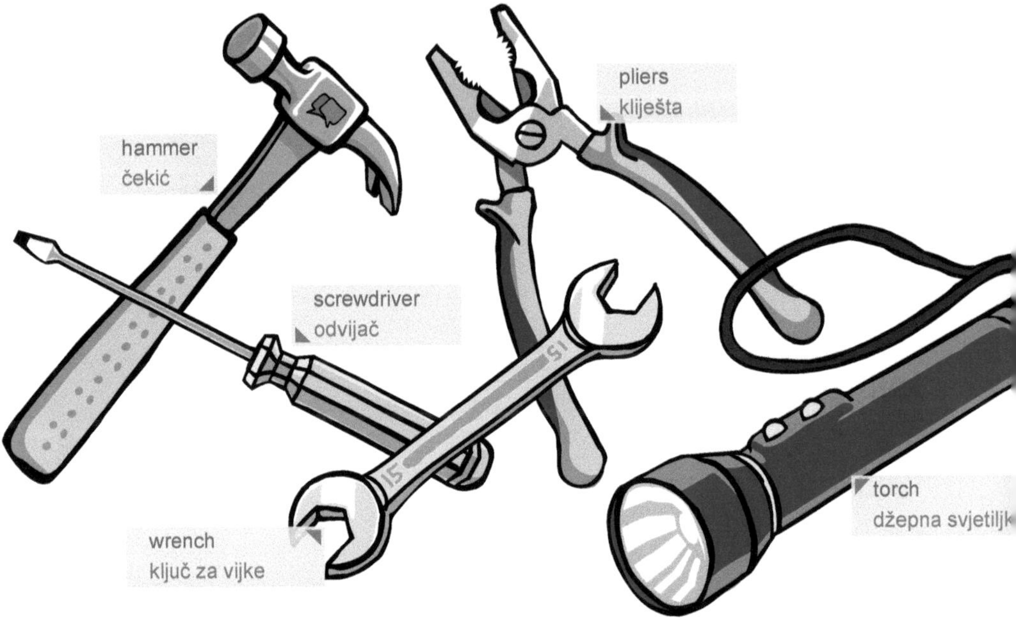

hammer
čekić
pliers
kliješta
screwdriver
odvijač
wrench
ključ za vijke
torch
džepna svjetiljk

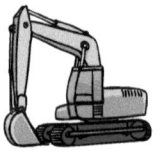

excavator

rovokopač

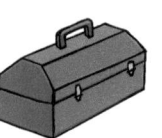

toolbox

kutija za alat

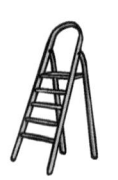

ladder

ljestve

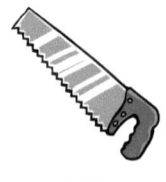

saw

pila

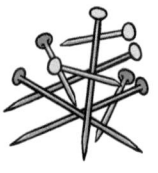

nails

ekser

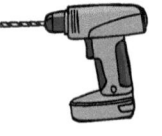

drill

bušilica

repair

popraviti

shovel

lopata

Damn!

Sranje!

dustpan

lopatica

paint can

lonac za boju

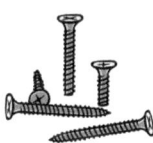

screws

vijci

musical instruments
glazbeni instrument

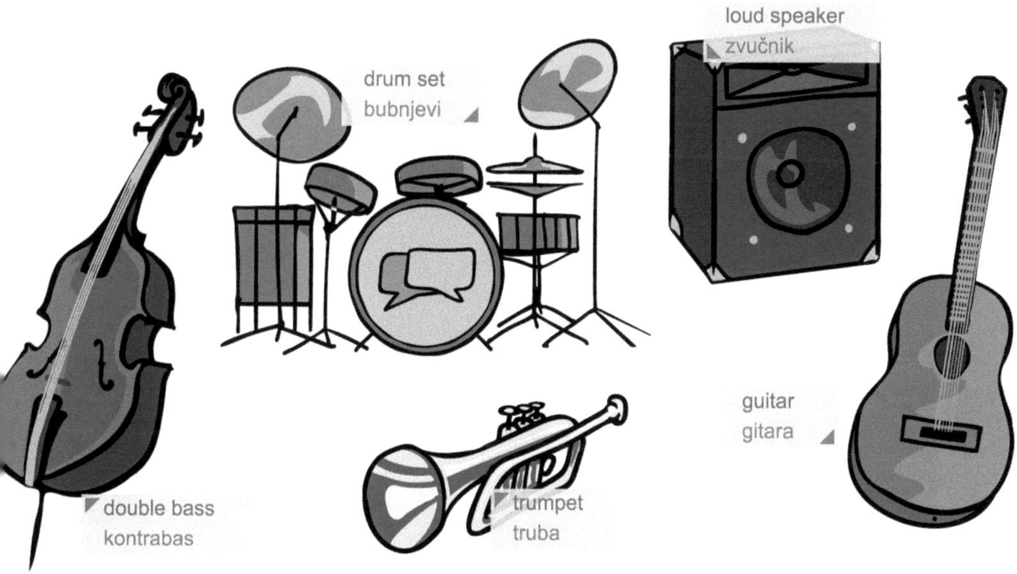

loud speaker
zvučnik

drum set
bubnjevi

guitar
gitara

double bass
kontrabas

trumpet
truba

piano

klavir

violin

violina

bass

bas

timpani

timpani

drums

udaraljke za bubnjeve

keyboard

keyboard

saxophone

saksofon

flute

flauta

microphone

mikrofon

musical instruments - glazbeni instrument

zoo
zoološki vrt

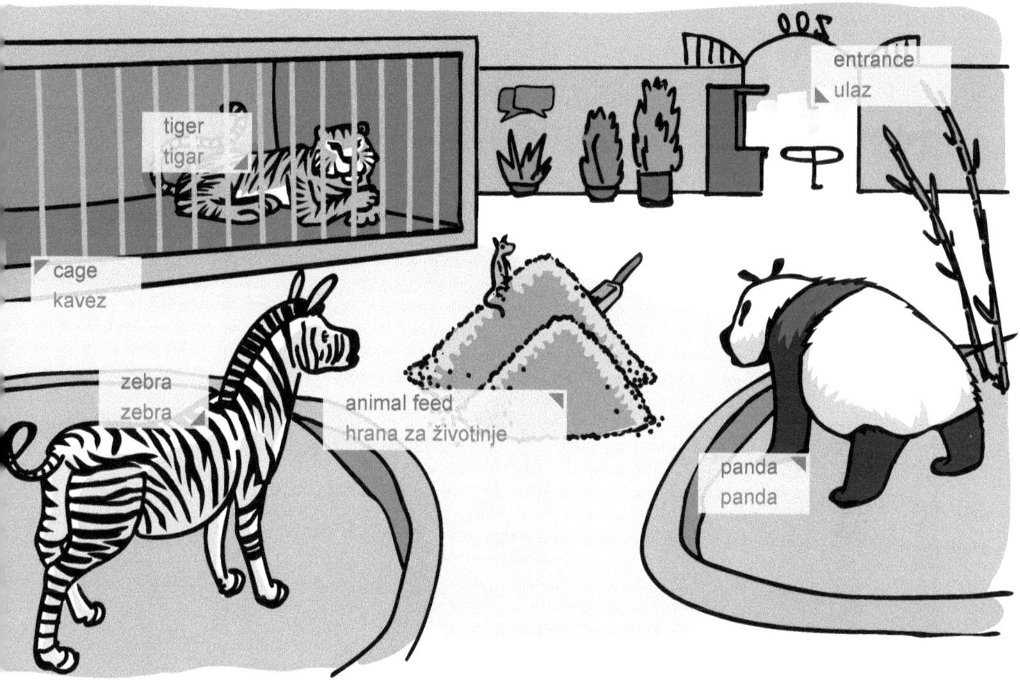
entrance
ulaz
tiger
tigar
cage
kavez
zebra
zebra
animal feed
hrana za životinje
panda
panda

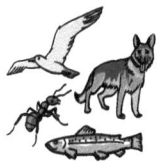

animals
životinje

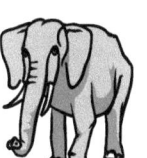

elephant
slon

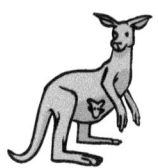

kangaroo
kengur

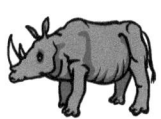

rhino
nosorog

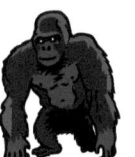

gorilla
gorila

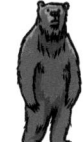

bear
medvjed

camel

kamila

ostrich

noj

lion

lav

monkey

majmun

flamingo

flamingo

parrot

papagaj

polar bear

polarni medvjed

penguin

pingvin

shark

ajkula

peacock

paun

snake

zmija

crocodile

krokodil

zookeeper

čuvar u zoološkom vrtu

seal

tuljan

jaguar

jaguar

pony
poni

leopard
leopard

hippo
nilski konj

giraffe
žirafa

eagle
orao

boar
divlja svinja

fish
riba

turtle
kornjača

walrus
morž

fox
lisica

gazelle
gazela

American football
američki nogomet

cycling
biciklizam

tennis
tenis

basketball
košarka

swimming
plivanje

boxing
boks

ice hockey
hockey na ledu

soccer
nogomet

badminton
badminton

athletics
atletika

handball
rukomet

skiing
skijanje

polo
polo

jump
skočiti

hug
zagrliti

laugh
smijati se

walk
ići

sing
pjevati

pray
moliti se

kiss
poljubiti

dream
sanjati

write
pisati

draw
crtati

show
pokazati

push
gurati

give
dati

take
uzeti

have

imati

do

činiti

be

biti

stand

stojati

run

trčati

pull

povlačiti

throw

baciti

fall

padati

lie

ležati

wait

čekati

carry

nositi

sit

sjediti

get dressed

oblačiti

sleep

spavati

wake up

probuditi se

look at

gledati

cry

plakati

stroke

milovati

comb

češljati

talk

govoriti

understand

razumjeti

ask

pitati

listen

slušati

drink

piti

eat

jesti

tidy up

pospremiti

love

voljeti

cook

kuhati

drive

voziti

fly

letjeti

activities - aktivnosti

sail

ploviti

calculate

računati

read

čitati

learn

učiti

work

raditi

marry

vjenčati se

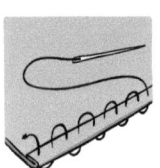

sew

šiti

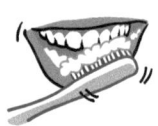

brush teeth

prati zube

kill

ubiti

smoke

pušiti

send

poslati

family
obitelj

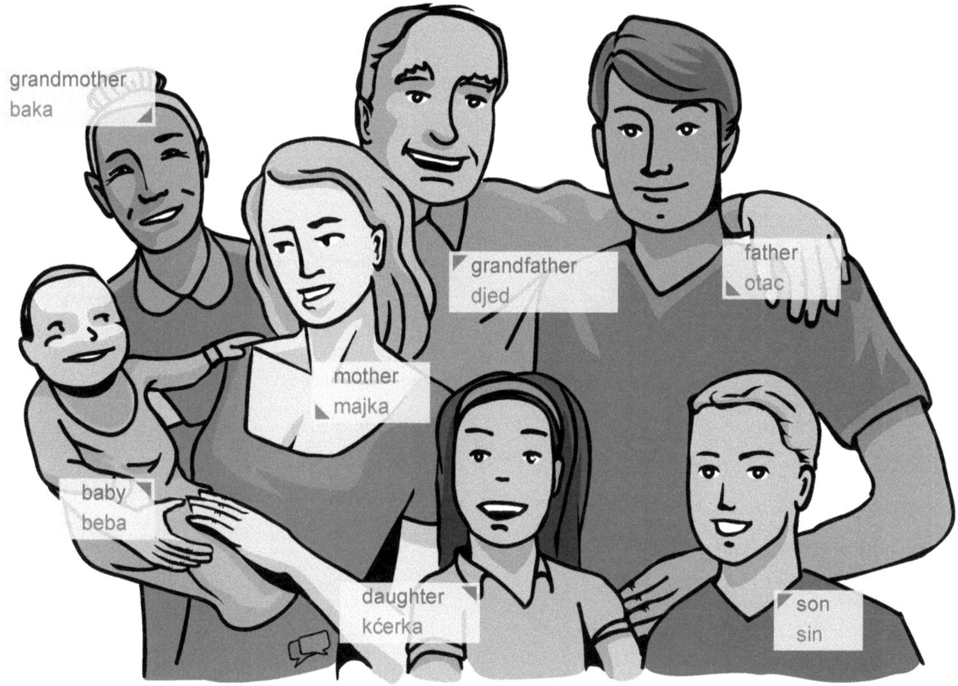
grandmother
baka
grandfather
djed
father
otac
mother
majka
baby
beba
daughter
kćerka
son
sin

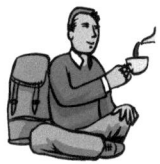

guest
gost

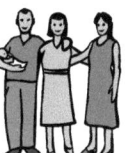

aunt
tetka

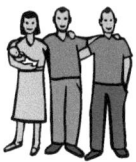

uncle
ujak, stric

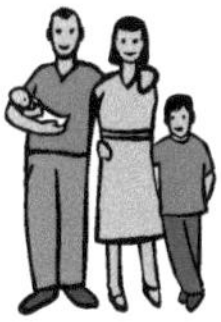

brother
brat

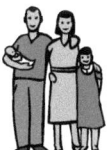

sister
sestra

body

tijelo

forehead
čelo
eye
oko
shoulder
rame
finger
prst
face
lice
chin
brada
hand
ruka
leg
noga
breast
grudi
arm
ruka

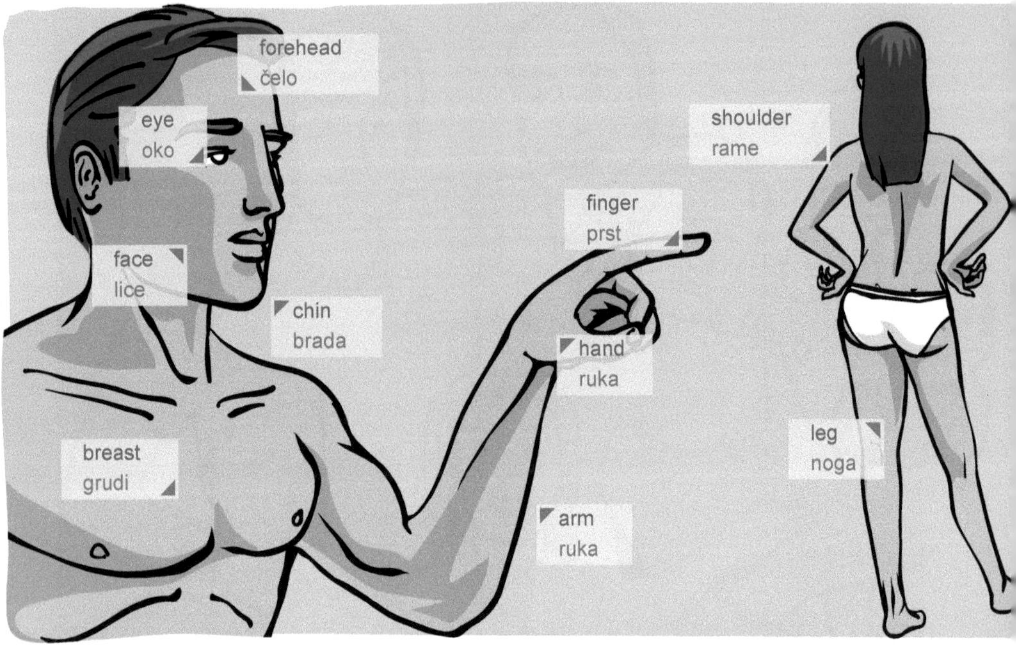

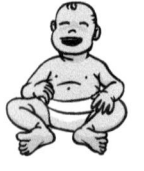

baby
beba

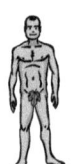

man
muškarac

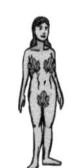

woman
žena

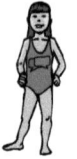

girl
djevojčica

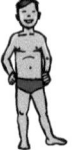

boy
dječak

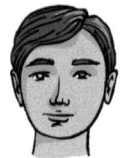

head
glava

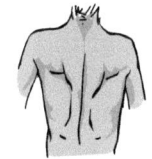

back

leđa

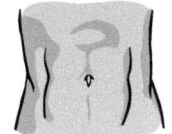

belly

trbuh

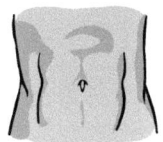

navel

pupak

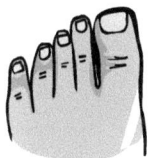

toe

nožni prst

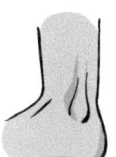

heel

peta

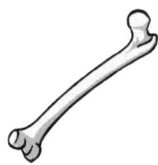

bone

kost

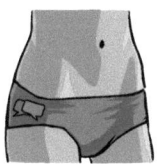

hip

kuk

knee

koljeno

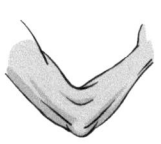

elbow

lakat

nose

nos

buttocks

stražnjica

skin

koža

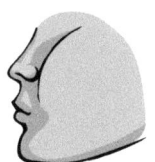

cheek

obraz

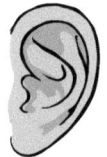

ear

uho

lip

usna

mouth

usta

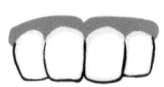

tooth

zub

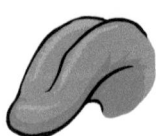

tongue

jezik

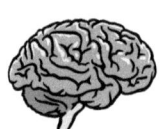

brain

mozak

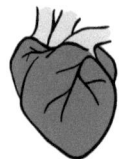

heart

srce

muscle

mišić

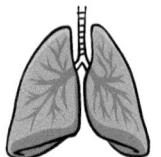

lung

pluća

liver

jetra

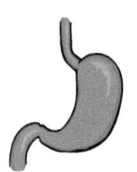

stomach

želudac

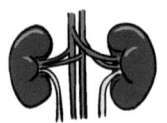

kidneys

bubrezi

sex

snošaj

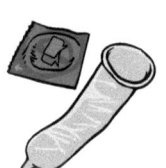

condom

kondom

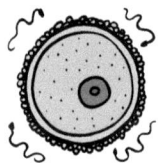

ovum

jajna stanica

semen

sperma

pregnancy

trudnoća

body - tijelo

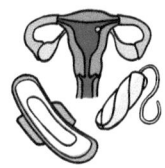

menstruation

menstruacija

vagina

vagina

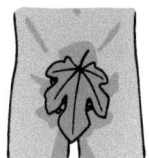

penis

penis

eyebrow

obrva

hair

kosa

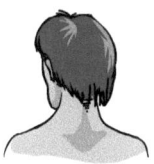

neck

vrat

hospital
bolnica

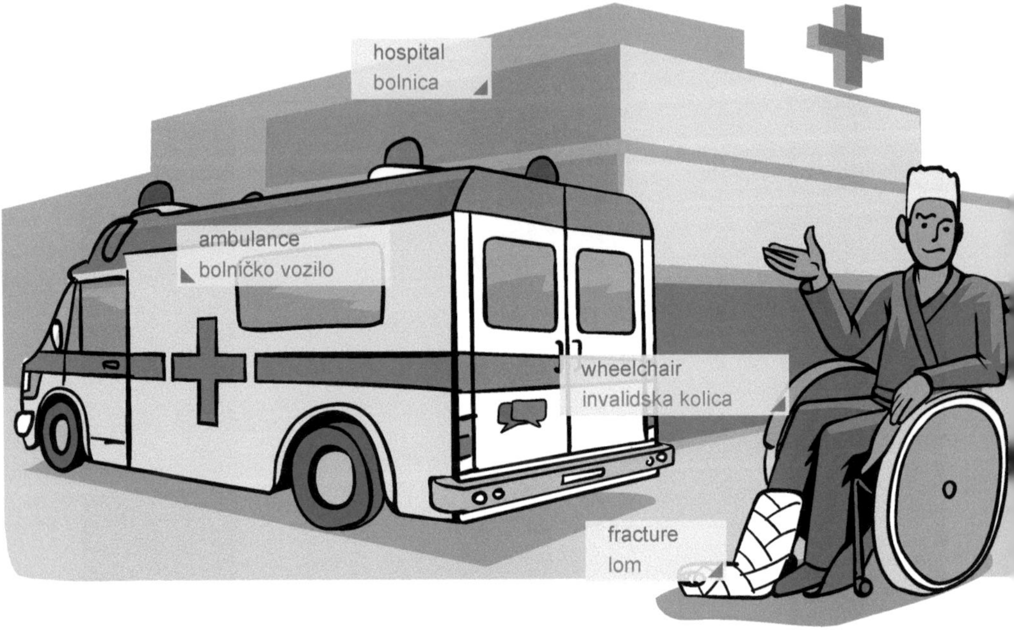

hospital
bolnica
ambulance
bolničko vozilo
wheelchair
invalidska kolica
fracture
lom

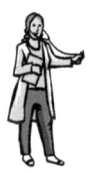

doctor

liječnik

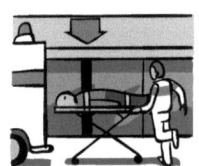

emergency room

hitna medicinska služba

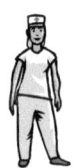

nurse

medicinska sestra

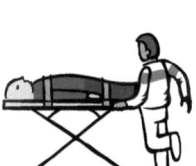

emergency

hitni slučaj

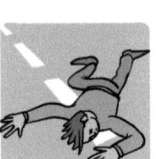

unconscious

nesvijest

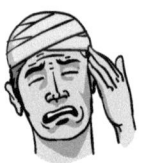

pain

bol

injury

ozljeda

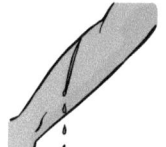

bleeding

krvarenje

heart attack

srćani infarkt

stroke

moždani udar

allergy

alergija

cough

kašalj

fever

groznica

flu

gripa

diarrhea

proljev

headache

glavobolja

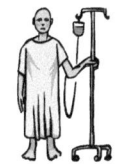

cancer

rak

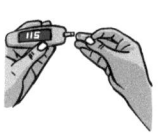

diabetes

dijabetes

surgeon

kirurg

scalpel

skalpel

operation

operacija

hospital - bolnica

CT

ct

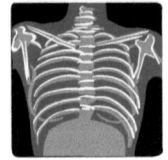

x-ray

rentgen

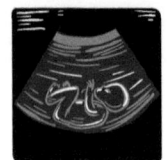

ultrasound

ultrazvuk

face mask

maska

disease

bolest

waiting room

čekaonica

crutch

štaka

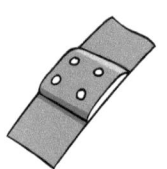

plaster

flaster

bandage

zavoj

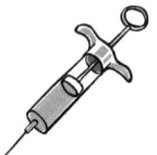

injection

injekcija

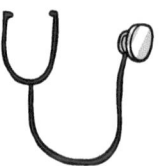

stethoscope

stetoskop

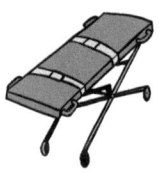

stretcher

nosilo

clinical thermometer

termometar

birth

rođenje

overweight

prekomjerna težina

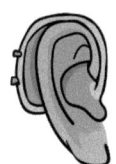

hearing aid

slušni aparat

disinfectant

sredstvo za dezinfekciju

infection

infekcija

virus

virus

HIV / AIDS

hiv / sida

medicine

medicina

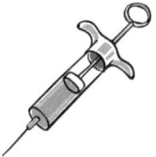

vaccination

vakcinacija

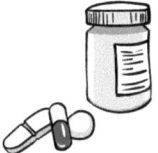

tablets

tablete

pill

pilula

emergency call

poziv u pomoć

blood pressure monitor

uređaj za mjerenje tlaka

ill / healthy

bolesno / zdravo

Help!	alarm	assault
pomoć!	alarm	nasrtaj

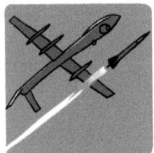		
attack	danger	emergency exit
napad	opasnost	izlaz za nuždu

Fire!	fire extinguisher	accident
požar!	vatrogasni aparat	nezgoda

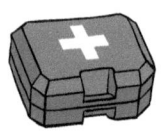		
first-aid kit	SOS	police
kofer prve pomoći	sos	policija

Europe

Europa

North America

sjeverna amerika

South America

južna amerika

Africa

Afrika

Asia

Azija

Australia

Australija

Atlantic

Atlantik

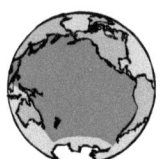

Pacific

Pacifik

Indian Ocean

ocean

Antarctic Ocean

antarktički ocean

Arctic Ocean

arktički ocean

North pole

sjeverni pol

South pole

južni pol

Antarctica

Antarktik

earth

zemlja

land

zemlja

sea

more

island

otok

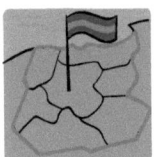

nation

nacija

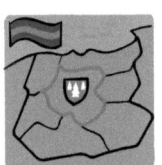

state

država

clock face

brojčanik sata

hour hand

satna kazaljka

minute hand

minutna kazaljka

second hand

sekundna kazaljka

What time is it?

Koliko je sati?

day

dan

time

vrijeme

now

sada

digital watch

digitalni sat

minute

minuta

hour

sat

week

tjedan

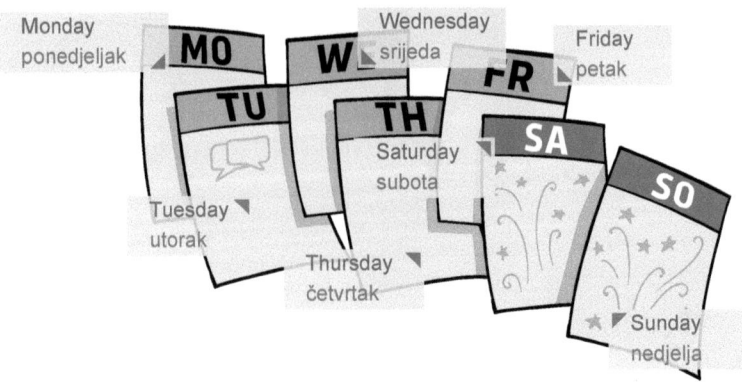

Monday
ponedjeljak

Tuesday
utorak

Wednesday
srijeda

Thursday
četvrtak

Friday
petak

Saturday
subota

Sunday
nedjelja

yesterday

jučer

today

danas

tomorrow

sutra

morning

jutro

noon

podne

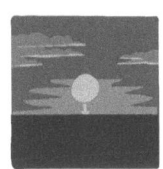

evening

večer

workdays

radni dani

weekend

vikend

year
godina

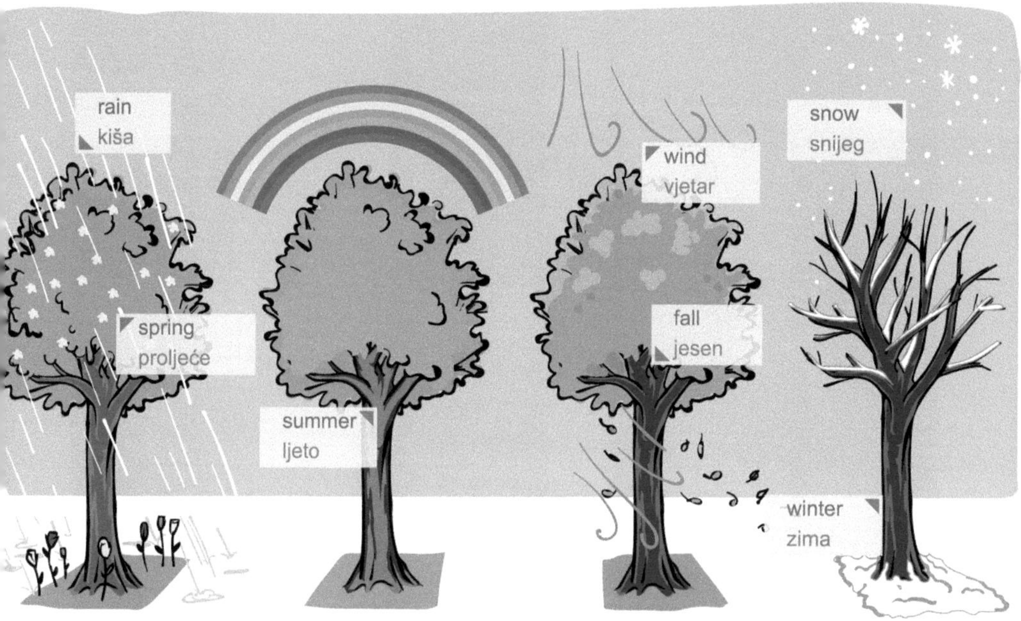
rain
kiša
snow
snijeg
wind
vjetar
spring
proljeće
fall
jesen
summer
ljeto
winter
zima

4.APRIL 11°
5.APRIL 4°
6.APRIL 13°
7.APRIL 8°
8.APRIL 10°

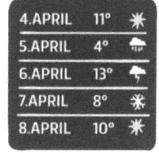

weather forecast

meteorološka prognoza

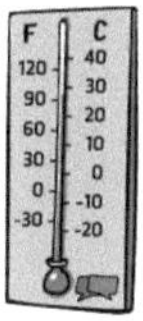
F C
120 90 60 30 0 -30
40 30 20 10 0 -10 -20

thermometer

termometar

sunshine

sunčana svjetlost

cloud

oblak

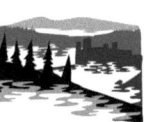

fog

magla

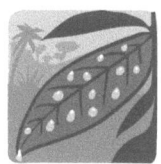

humidity

vlažnost zraka

lightning

munja

thunder

grmljavina

storm

oluja

hail

tuča

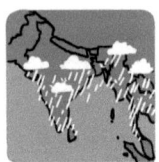

monsoon

monsun

flood

poplava

ice

led

January

siječanj

February

veljača

March

ožujak

April

travanj

May

svibanj

June

lipanj

July

srpanj

August

kolovoz

year - godina

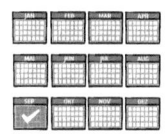

September
....
rujan

October
....
listopad

November
....
studeni

December
....
prosinac

shapes
oblici

circle
....
krug

square
....
kvadrat

rectangle
....
pravokutnik

triangle
....
trokut

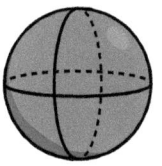

sphere
....
kugla

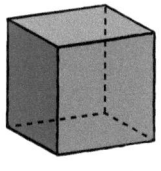

cube
....
kocka

white
bijela

yellow
žuta

orange
narančasta

pink
ružičasta

red
crvena

purple
ljubičasta

blue
plava

green
zelena

brown
smeđa

gray
siva

black
crna

a lot / a little

mnogo / malo

angry / calm

ljutito / mirno

beautiful / ugly

lijepo / ružno

beginning / end

početak / kraj

big / small

veliko / maleno

bright / dark

svijetlo / tamno

brother / sister

brat / sestra

clean / dirty

čisto / prljavo

complete / incomplete

potpuno / nepotpuno

day / night

dan / noć

dead / alive

mrtvo / živo

wide / narrow

široko / usko

edible / inedible

jestivo / nejestivo

evil / kind

zlo / dobro

excited / bored

uzbuđeno / dosadno

fat / thin

debelo / mršavo

first / last

na početku / na kraju

friend / enemy

prijatelj / neprijatelj

full / empty

puno / prazno

hard / soft

tvrdo / mekano

heavy / light

teško / lagano

hunger / thirst

glad / žeđ

ill / healthy

bolesno / zdravo

illegal / legal

ilegalno / legalno

intelligent / stupid

pametno / glupo

left / right

lijevo / desno

near / far

blizu / daleko

new / used

novo / rabljeno

nothing / something

ništa / nešto

old / young

staro / mlado

on / off

uključeno / isključeno

open / closed

otvoreno / zatvoreno

quiet / loud

tiho / glasno

rich / poor

bogato / siromašno

right / wrong

točno / pogrešno

rough / smooth

hrapavo / glatko

sad / happy

tužno / sretno

short / long

kratko / dugo

slow / fast

polako / brzo

wet / dry

mokro / suho

warm / cool

toplo / hladno

war / peace

rat / mir

opposites - suprotnosti

numbers

brojevi

0

zero

nula

1

one

jedan

2

two

dva

3

three

tri

4

four

četiri

5

five

pet

6

six

šest

7

seven

sedam

8

eight

osam

9

nine

devet

10

ten

deset

11

eleven

jedanaest

12

twelve

dvanaest

13

thirteen

trinaest

14

fourteen

četrnaest

15

fifteen

petnaest

16

sixteen

šestnaest

17

seventeen

sedamnaest

18

eighteen

osamnaest

19

nineteen

devetnaest

20

twenty

dvadeset

100

hundred

stotinu

1.000

thousand

tisuću

1.000.000

million

milijun

English
engleski

American English
američko engleski

Chinese Mandarin
kinesko mandarinski

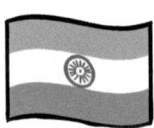

Hindi
hindi

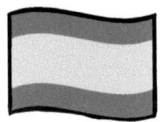

Spanish
španjolski

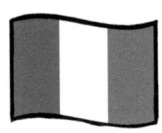

French
francuski

Arabic
arapski

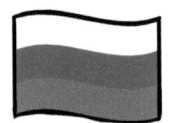

Russian
ruski

Portuguese
portugalski

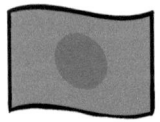

Bengali
bengalski

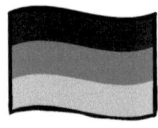

German
njemački

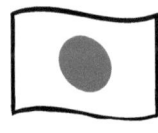

Japanese
japanski

I
ja

you
ti

he / she / it
on / ona / ono

we
mi

you
vi

they
oni

who?
tko?

what?
što?

how?
kako?

where?
gdje?

when?
kada?

HELLO, I AM

name
ime

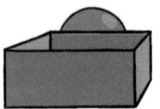

behind

iza

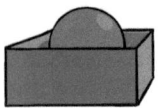

in

u

in front of

ispred

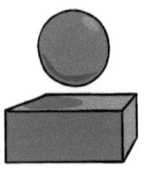

over

preko

on

na

under

ispod

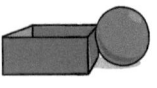

beside

pored

between

između

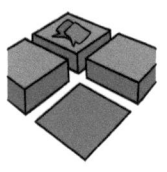

place

mjesto